Rintscher Vertäll

IX

„örop un öronger"

van Bernd J. Henk

Bibliographische Information der Deutsche Nationalbibliothek
Die Deutsche Nationalbibliothek verzeichnet diese Publikation in der
Deutschen Nationalbibliographie; detaillierte bibliographische Daten
sind im Internet über http://dnb.d-nb.de abrufbar

Idee und Realisierung by hb
Umschlaggestaltung und Layout: Sascha
Umschlagillustration: Hinterglasmalerei Gereonsplatz
(früher: Neumarkt) in Viersen-Rintgen von Bernd-Jürgen Henk

Herstellung und Verlag: Books on Demand GmbH, Norderstedt
ISBN 9-783-751996921

Erzählungen
aus dem Rintgen IX

"hinauf und herunter"

Rintscher Vertäll IX

"örop un öronger"

Bisher sind folgende Kurzgeschichten
in der Serie

„RINTSCHER VERTÄLL"

veröffentlicht worden:

Inhaltsverzeichnis

Nr.	Titel	Seite

W a t   d o a   d r e n   s c h t e e t

V o r w o r t

Inzwischen sind weitere Kurzgeschichten
des Rintscher Vertäll mit dem Titel
„örop un öronger"
fertig geworden.

Es sind wieder vierzehn kurze Erzählungen
mit einem Mix aus Geschichte und Satire, die einfache
Dinge aus dem Alltag beschreiben.

Um die sicherlich eigenwilligen
Ausdrücke im Dialekt besser zu verstehen,
wird die _fast_ gleiche Übersetzung
in hochdeutsch gegenüber gestellt.

Wie stets, wünsche ich
alles Gute zum Neuen Jahr,
frohe Ostern und Pfingsten,
ein glückseliges Weihnachtsfest
und besonders viel Spaß beim Lesen.

Vöerwoert

Entösche send wär Rintscher Vertäll-Schtökskes
möt dä Titel „ örop un öronger"
värdich jewoarde.

Et send veertien verschaie Vertällcher
möt ne Mix uut Jeschichte, Satire
un äfe kleen Denge beschriive.

Öm dä seeker eeje Vertäll
en Platt bäeter te verschtoan,
wäerde di <u>onjeviier</u> jliike Woert
en huechdoitsch täejenöver jeschtält.

Wi emer, wönsch ech nu ooch vandaach
allet joo-e vör et noie Joar,
vruue Poasche un Pengste,
ö jlöckselisch Kersmesfääs
un vüel Plesier be et leäse.

Jahreswechsel

Was hatten wir uns alles vorgenommen,
und was ist davon auch ausgekommen?

Die meisten sind noch keine achtzig Jahr,
und glauben, dass dies nun alles war.

Im Grunde genommen sind wir nioch viel zu jung,
wie „Joopi" – der kurz vor seiner Hochzeit stand.

Gegessen wird portioniert nach Maß,
von allen Seiten kommt guter Rat.

Das Laufen fällt schwer – und überall Schmerzen,
uns steht nicht der Sinn zu Scherzen.

Das alte Jahr ist nun schon weit weg,
und was war – das bleibt auf der Strecke.

Üewer et Joar

Wat haade wör os all vüerjenoame,
un wat ös doarvan ooch uutjekomme?

De Mee-iste send noch känn tachtich Joar,
un jlöeve dat dat nu alles woar.

Em Jrongk jenoame send wörr noch vüel te jong,
wi „Joopi" - deä kört vör sii-en Hochtiit schtong.

Jejeäte wörd möt Mönkes-moo-et,
van alle Sii-e kömp joo-e Roo-et.

Et Loope vällt schwoar – un üewerall Pinn
noa Laache schteet os net d'r Sinn.

Dat alde Joar ös nu all wiit wäk,
un wat woar – dat bliiv op de Schträk.

Aber es ging wieder wie im Galopp,
die Zeit – die war auf einmal fort.

Die letzten Raketen sind abgeknallt,
draußen ist es ungemütlich kalt.

Wir schreiben das Jahr zwei tausend siebzehn,
und schauen nach vorn – wie mag es wohl sein?

Ob Freud oder Leid – was wird uns bewegen,
es kommt wie es kommt – es nützt nichts dagegen.

Es wird gegessen, getrunken und erzählt,
viel hat sich darum auch nicht verändert.

Es wird wohl bleiben wie es war,
Gesundheit und Glück – Prost Neujahr !

Äver et jing wär vüel te vlott,

di Tiit – di woar op ens jau vott.

De laatste Böller send aavjeknallt,

buute ös et uu-eselisch kalt.

Wör schrii-eve Noijoar twii-eduusend söeventii-en,

un kiike noa vüere – wi maach et waal sii-en?

Of Vreud, of Leed – wat sal os beweäje,

öt kömp wi et kömp – et nöts neks doa teäje.

Et wörd jejeäte, jedrongke un jeklängert,

vüel hät sech drom ooch net veräengert.

Et sal waal bliive wi et woar,

Jesongkheet un Jlök – Prosit Noijoar !

Die Wahrheit

Als die Rintger Kirmes noch auf dem Markt statt fand,
legte eine Wahrsagerin die Karten per Hand.

Maria und Heinrich waren grad in der Näh',
sie hatten wohl sofort die gleiche Idee.

Eine Dame saß in einem dunklen Zelt,
rechts eine blaue Kugel – links eine Kerze hell brennt.

Zuerst ging Heinrich ins Zelt um zu erfahren,
wird er Vater in den nächsten Jahren.

Kurze Zeit später kam er grinsend heraus,
hob zwei Finger aus seiner Faust.

Eine Stunde später – um Abstand zu halten,
ging Maria ins Zelt zu der „Alten".

Maria wollte nun eine Antwort finden,
wird sie in Kürze als Mutter entbinden?

De Woarheet

Wi de Rintscher Kermes noch hee-i op dä Maart,
joev et en Woarsäägerin – di leäjet de Kaart.

Marie un Drikes leepe doa net vörbee,
se haade beeds di jliike Idee.

En Madam soat en dat düüstere Tent,
raits en blaue Koorel – lengks en Kärts di löit bränt

Ii-ersch jing Drikes ö-ren öm te hüüre,
Vaader te weärde – wi lang sal dat düüre.

Noar en Veedelschtond koam hä jrinsend noar buute,
hoav sii-en Venger wäejens twii-e Puute.

En Schtond laater – öm Aafschtant te halde,
jing Marie en dat Tent noa di „Alde".

Marie hai joa nu jeär jewous,
of se nii-estens en Ömstäng kome kuus?

Die Kugel wurde gedreht – die Karten gelegt,
Maria strahlte vor Glück, dass sich bald was bewegt.

Drei Kinder in den nächsten Jahren,
das hatte sie soeben erfahren.

Wenig später vor dem Zelt Zank und Geschrei, die
Madame kam hinzu wollte wissen was da sei.

Da sah Heinrich erst recht rot;
„wahrsagen ! - ihr seid vielleicht gut"!

‚Mir zu erzählen; ich fühlt' mich geehrt,
dass ich zweifacher Vater werd'".

„Und meiner Frau erzählt ihr ganz toll,
dass sie dreifache Mutter werden soll".

„Jetzt will ich wissen – ich fühl' mich verletzt,
wer hat mir ein Kuckucksei ins Nest gesetzt"?

Aber lieber Mann – so sagte sie klar,
beim zweiten Mal wird es ein Zwillingspaar.

Di Koorel woard jedrii-ent – di Kaarte jelait,
Marie schtroalt vör Jlök – se haad et sech all jedait.

Dree Kenger en de nii-este Joare,
di sale all jesongk jeboore.

Buute doanoar ne Palaaver un Jeschrai,
di Madam koam jeloope – well wii-ete woröm de Behai.

Doa soach Drikes ruu-et,
woarsääge...! - ör sett flee-its joot.

Mech haad ör vertällt – ech vöelet mech jeehrt,
dat ech <u>twii-e</u> keer Vaader weärd,

Un mii-en Vrouw haad ör jesait,
dat se <u>dree</u> Kenger op de Wält brait.

Nu well ech wii-ete – jants op de Flotte,
weä hät mech ö Ai en et Nöes jesotte.

Leeve Moan – dat ös toch kloar,
öm dat et e-mol ne Tswilling woar.

Der Sonnenuntergang

Es ist wieder so weit,
vor uns steht die Sommerzeit.

Wie von unruhigem Geist getrieben, die Menschen
verreisen – es wird nicht in der Heimat geblieben.

Capri, Bali vielleicht auch nach Rio,
fremde Menschen besuchen – o sole mio.

Leute gibt es, die haben die halbe Welt gesehen,
lassen den Druck mit sich geschehen.

Einen halben Tag auf den Flieger gewartet,
die Zeit ist zu schade – bis der endlich startet.

Stundenlang im Stau auf der Autobahn steh'n,
so kann das doch nicht weiter geh'n.

Wie wäre es am Dachfenster zu stehen,
und hinter sanften Hügeln der Donk
die Sonne aufgehen sehen?

De Sonn jeet onger

Et ös wär sue wiit,
vöer os lik de Soomertiit.

Wi van en onröeije Jees jedrii-eve
de Minsche jont op Räes –
et wörd neet te Heem jeblii-eve.

Capri, Bali flee-its ooch noar Rio,
vräem Minsche besööke – o sole mio.

Et send'er di hant de halve Wält opjesök,
äver di sette sech sälefs onger drök.

Ne haleve Daach op dä Fliijer jewaad,
öm onnötse Tiit ös et toch vüel te schaad.

Schtondelongk em Schtau op de Autobaan schtoan,
sue kann dat toch net wiijer joan.

Wi wüer et ens hee üewer de Daakfinster-Muure,
henger de Donk noar Sonneopjongk luure?

Abends dann auf dem Rintger Markt wartet ein
kulinarisch Büfett, für Peter, Josef, Marie und Anett.

Die Welt ist bereits hier – das ist nicht vermessen,
Ouzo trinken, Sirtaki tanzen und Peking-Ente essen.

Salvatores Pizza probieren – Ali's Kebab konsumieren,
ein kroatisches Café aufsuchen – spanischen Wein
inhalieren.

In der Shisha-Bar rauchen – mexikanisch schlemmen,
in der Dorfschänke ein Pilschen stemmen.

Dann sieht man am Himmel – der aus bunten Farben
besteht, wie die Sonne zwischen Rahser und Anrath
untergeht.

Auf dem Markt gehen in der Dämmerung die Laternen
an, ein Südstadt-Flair – ganz mediterran.

Und die, die derzeit hiergeblieben,
haben schöne Grüße ins Ausland geschrieben.

Un s'oavends möt Pitter, Jupp, Marie un Anette,

sech jesällisch op dä Rintscher Maart te sette.

De Wält ös ongerhongk hee

öm sech jastronomisch te meäte,

Ouzo drengke, Sirtaki dantse un Peking-Ent' eäte.

Salvatores Pizza probeere – Ali's Kebab konsumii-ere,

ö croatisch Cafe opsööke of spanische Wiin kännelii-ere.

En de Sisha-Bar ruuke – mexikanisch schlämme,

en de Dörepschängk ö Pilske schtämme.

Duu süüeste aan d'r Heemel – dä nu uut bongte Klüere

beschteet, wi de Sonn tösche et Roahser un Anroeht

onger jeet.

Op d'r Maart jont doanoar di Lateere-Lämpkes aan,

ö Südschtadt-Flair jants mediteraan.

Un di, di vandaach te Heem jeblii-eve, hant nu Kaarte

noar et Buutenlongk jeschrii-eve.

Der Handel

Soweit der Mensch nur denken kann,
fing irgendwann ein Handel an.

Untereinander wurde gehandelt was sich anbot,
knapp über den Daumen – so zählte man grob.

Alles hatte seinen festen Preis,
schändlich zu betrügen das gab Streit.

Auf den Markt wohl auch Fremde kämen,
man sollte sich davor in Acht nehmen.

Ein altes Pferd dass nur auf drei Beinen steht,
manchem Händler noch als Rennpferd durchgeht.

Naturalien waren im Angebot an erster Stell',
es folgten Gerätschaften – das ging recht schnell.

Dem Einen fehlte dies – dem Anderen das,
ein Glück – der Dritte hatte so etwas.

Deä Hudel

Suewiit d'r Minsch dengke kann,
vongk örejesens ne Hudel aan.

Ongereen woard jehudelt wat et sue joo-ev,
knapp över d'r Dumm – sue tälde man jroaf.

Alles haad nu sii-ene voaste Priis,
schändlik fusche dat joo-ev Knies.

Op deä Maart koame äevesojoot Vreäme,
un jeder moot sech nu enait näeäme.

En alde Meär di op dree Been löpp,
ne Hudelskeäl noch als Rennpeärd verköpp.

Naturaliie schtongke aan de i-ierschte Schtäll,
duu vör te wireke et Jerai – dat jing ärech schnäll.

Däm Eene vält dit – däm Angere dat,
ö Jlök dat dä Drede dat wär haad.

Und jede Zeit bescherte Neues an Dingen,
die lassen sich immer irgendwie finden.

Der bisherige Handel – das Stück war gesungen,
jemand hatte plötzlich Geldstücke erfunden.

Münzen aus Gold und Silber nur noch zählt,
spätestens jetzt regiert das Geld die Welt.

Dann gab es Fonds und Derivate,
ein Stück Papier stand dafür Pate.

Auf ungezählte Daten, die im Dunklen reifen,
kann digital jeder leicht zugreifen.

Heutzutage sind Roboter programmiert,
Dinge zu verkaufen – das läuft wie geschmiert.

Drück' nur auf Knöpfe – und da man dich kennt,
zieht man dich aus bis aufs letzte Hemd.

Un jede Tiit haad sii-en eeje Denge,
di loate sech emer örejeswii venge.

Di alde Hudelai – op ens woar dat Schtök jesonge,
i-iemes haad et Jält ervonge.

Mönte uut Sölver un Jold maar noch tält,
van nu af rejiirt et Jält de Wält.

Du joo-ev et Fonds un Derivate,
ö Schtök Papier schtungk doavüer Pate.

Op onjetälde Daate woa wär neks van wiiete,
löt sech dijitaal van jedäm toojriiepe.

Vandaach send Roboter projameert,
Denge te verkoope – dat löpp wi jeschmeert.

Drök maar op Knöpkes – do bös all bekännt,
di träke dech uut bös op et lätsde Hämp.

Der Dienstmann

Es sind wohl einige Jahre vergangen,
es schien die Sonne oder es war Regen verhangen.

Dienstmann Heinrich hatte stets zu tun,
viel Arbeit für einen geringen Lohn.

Er wurde nicht zum Militär eingezogen,
als Gepäckträger war er „Unabkömmlich".

Heinrich hatte dies gern vernommen,
spaßeshalber hat er den Namen „UK" bekommen.

Er stand am Bahnhof – wo man halt steht,
von morgens früh - bis abends spät.

Rollte der Zug ein mit Zischen und Rauschen,
liefen die Leute eilends nach draußen.

Koffer, Taschen – das ganze Utensil,
nötig oder nicht – aber immer zu viel.

Dä Densmoon

Et send waal all ö paar Jöerkes här,
be Sonenschiin of Räängerweer.

Densmoon Drikes haad emer jät te duen.
vüel Ärbet un vör wenich Luu-en.

Mod net noam Komis un net en d'r Kreeich,
as Jepäkdräejer woar hä „UnavKömlich".

Drikes woar äves jeene „Domme",
uut Jäkerai ös hä aan dä Naam „UK" jekomme.

Heä schtong aan d'r Baanhoaf emer paraat,
van s'morjes vröi - bös s'oavends laat.

Koam dä Tsoch aan möt Tsische un Tuute,
leepe di Lüü maar jau noa buute.

Koffer, Täsche un dä jontse Pröll,
nödich of net – äver emer te vüel.

Das passte zu „Uka's" Geschäftsmodell,
drum stand er da und war zur Stell'.

Die ihm eigene Gebührenregel war seine Spezialität,
zuerst einen Grundbetrag fordern –
weil sonst nichts geht.

Dann ging er mit all den schweren Stücken,
in Händen, vor der Brust und auf dem Rücken.

Stellte er unterwegs fest für seinen ganzen Fleiß,
dass der Weg zu weit für den geringen Preis,
dass Gewicht zu schwer für die Schufterei,
so blieb er stehen – sagte frank und frei:
„Genug für fünf Groschen – oder nachbezahlen",
was war zu tun – man musste zahlen.

Erst dann fasste „UK" das Gepäck wieder an
und alles lief so nach seinem Plan.
„UK" war auf jeden Fall,
wie man so sagt - „ein Viersener Original".

Dat posend vör „UKa's" Jeschäfsmodäll,
dröm schtongk hä doa un woar ter Schtäll.

Di öm eeje Jebüerenreejel woar sii-en Schpetsialität,
öersch ne Jrongkbedraach betaale -
ömdat söös neks jeet.

Duu schlufte hä möt schwoer Jepäk,
en de Häng, vöer de Bros un henger d'r Näk.

Schtälde hä ongerwäejes ävel voas,
dat dä Weäch te wiit vör dat wat et koas,
un dat Jeweet te schwoer vör di Pöngelai,
doa bliiv hä schtoan un sät frank un vrai;
„Jenoch vör viif Jrosche!" - of noarbetaale!
Wat woar te duu-en – man moot waal wär tsaale.

Öersch dan hoo-ev „UK" dat Jepäk wär aan,
un alles leep noar sii-ene Plan.

„UK" woar op jede Vall,
wi man sue sät - „ö Vierscher Orijinal".

Der Rintger Markt

Wo immer man sich über den Stadtteil Rintgen unterhält,
stets auch der Name „Rintger Markt" fällt.

Aus alter Zeit ist nicht jedem bekannt,
wieso dort ein Markt bestand.

Weil es vor hunderten Jahren so war,
zunächst zogen die Menschen von hier nach da.

Grob gesagt – auf einmal war es so weit,
die ständige Lauferei die war man leid.

Sie schauten sich um – entdeckten den Rintger-Bach,
der mit sauberem Wasser zu ihren Füssen lag.

Hütten wurden gebaut für Mensch und Vieh,
und eine bescheidene Landwirtschaft gedieh.

Behausungen und Menschen wurden immer mehr,
mit hundert Personen
sagte man in Viersen „Vroge" daher.

Dä Rintscher Maart

Woa ooch emer Lüü över et Rintsche kalle,
ös alltiit dä Naam „Rintscher Maart" jevalle.

Uut alde Tiit witt nii-emes mii-er Bescheed,
wi un woröm su-ene Maart beschteet.

Öm dat et vöer hongerte Joare sue woar,
di Minsche troake van hee noa doar.

Jroo-ev jesait - wi dat döks jeet,
op ens woare-se di Looperai leed.

Se luurte sech öm – un äfkes laater,
vongke-se em Rintsche en Beäk möt süüver Waater.

En Hött woard jebaut vör Minsch un Vii-e,
wi ooch en beschaie Ajrarökonomie.

Hötte un Minsche woarde emer mii-er, hongert Lüü
tället suen „Vroge" em Vierscher Revier.

Um einen Markt anzulegen hatte man angeregt,
den Bach zu stauen und eine Bleiche angelegt.

Zur anderen Seite lag ein riesiger Eichenwald,
der machte knapp vor dem neuen Markt halt.

Rund um den Markt – kurz danach,
baute man Häuser mit einem Giebeldach.

Tauschen und kaufen für jeden etwas,
so entstand ein Markt für dies und das.

Kirmes, Prozessionen und Festlichkeiten,
ein Busbahnhof und ein ein Kiosk folgten beizeiten.

Umgebaut wurde der Markt so manches Mal,
der Bach, Busch und Bleiche - das war einmal.

Aber nun strahlt der Markt wie eh und je,
zum Angeln fehlt vielleicht noch ein kleiner See.

Nichts ist ewig auf dieser Welt,
wer weiß wie lang das „Neue" hält.

Öm nu ne Plaats aantelääge haade se sech uutjedait,

wörd di Beäk jeschtaut un en Bleek aanjelait.

Täjenüever loare jruete Eekeleböösch,

wat sech vör ne Maart net döesch.

Rongk öm deä Maart – kört doa drop,

woarde Hüüser jebaut möt ö Daak boaven op.

Tuusche un koope woar aanjesait,

un ne Maart vör d'r Hudel dä jedäm jät brait.

Kermes, Protseäs un Fästivitäete,

ne Bus-Baanhoav möt Kiosk van Meier's Käthe.

Ömjebaut woard dä Maart sue mänich kii-er,

di Beäk, di Bleek un dä Boosch süesste net mii-er,

Äver dä Maart dä schtroalt wi eh un je,

alleen vör et Angele fäelt noch ne kleene See.

Toch neks ös ewich op de Wält,

wä witt wi lang dat „Noie" hält.

Der Goldesel

Man fragt sich – kann es so etwas geben,
die Geschichte ist aus dem wahren Leben.

Im Rintgen hat Andreas jeder gut gekannt,
er war schon etwas seltsam – wie man fand.
Werktags lief er herum wie die Leute vom Bau,
mit schwarzem Pullover und Arbeitshose in blau.

Blank gescheuerte Holzschuhe an den Füssen,
eine Pfeife im Mund –
eine Kappe auf dem Kopf ließ grüßen.

Andreas war Architekt, Bauherr und Maurer in einer
Person stets eifrig gearbeitet – wer macht das schon?

Das nun der Nachbar von nebenan,
sein Haus höher baute – Andreas störte sich daran.

Was er auch nicht leiden kont',
Geld auszugeben wofür es sich nicht lohnt.

Dä Jolteäsel

Kann et dat jeäve?
Dat Schtök ös uut et woare Leäve.

Em Rintsche hät Dries jeder jekännt,
hä woar ne sälde Patruun– wi mäneje Lüü äves send.

Örem leep hä et Wäreksdaachs döks,
möt ne schworte Poloover un blaue Ärbetsböks.

Blongkjeschuurde Klompe aan de Vööt,
en Muts en d'r Mong - un en Kapp op et Hööt.

Dries woar Architekt, Bauheär un Müerder en een
Persoon, emer döchtich jewirek – wä deet dat schuen?

Dat nu de Nobber van neäveaan, ö Huus huechter baut –
Dries schtüerde sech doa draan.

Wat hä ooch net verknuuse konnt,
Jält te verpolvere wovüer et sech net lount.

Beim Fastnachtstreiben
hielt er die Fensterläden geschlossen,
Geld zu verpulvern – machte ihn verdrossen.

Lebenslang hatte er jeden Pfennig zur Seite gelegt,
weil dies ja beste Zinsen trägt.

Allerdings wird er nun das Geld nicht mehr genießen,
mit genau 80 Jahren hat er ins Gras gebissen.
Seine Frau ist bereits vor fünf Jahren verschieden,
und keine Kinder sind hinterblieben.

Die übrigen Verwandten konnten ihr Glück kaum fassen,
welchen Geldregen Andreas ihnen hinterlassen.

Bei der Bank hatte Andreas darauf bestanden,
das Vermögen war in Goldmünzen vorhanden.
Nun ja – Andreas hatte es so gewollt,
schubkarrenweise wurden die Münzen nun abgeholt.

Der „geizige Andreas" - ein verschrobenes Rintger
Original, als „Goldesel" gern gelitten – auf jeden Fall.

Möt Fasteloavend mäk hä de Vinsterlääde deecht, te
sii-en wi de Lüü de Tsente verjukse - woar öm net recht.

Sii-en jonts Leäve
haad hä jede Pänning aan Sii-e jeläit,
öm dat suejät laater joo-e T'sense brait.

Äver di T'sente kuu-es hä neet mii-er jenii-ete,
möt tachtich Joar hät Dries en et Jraas jebii-ete.

Sii-en Vrouw haad vör viif Joar d'r laatsde Oe-em
jebloase, se haade jeen Kenger vör dat Ärev hengerlosse.

Vör ören Sippschaaf woar dat Jlök koom te bejrii-epe,
ne Jälträänger woar van Dries üewer jeblii-eve.
Möt de Bongk haad Dries et sue voasjelait,
un sii-en Vermööje en Joltschtöke aanjelait.

Nu joa – Dries hät et sue jewollt,
Schörkaarwiis woard dat Jält nu aavjehoalt.
Deä „Kniipije Dries" - ö schrullich Rintscher Orijinaal,
als „Jolteäsel" joot jelii-e – op jede Fall.

Auf jeden Topf...

Etwas minder – ein klein wenig mehr,
manchmal grämt man sich später sehr.

Oft ist es nur eine Kleinigkeit,
die macht sich dann dazwischen breit.

Doch das Gerede von allen Seiten,
wird den Palaver auch noch begleiten.

Heute bin ich im Zeitungsladen gewesen,
um das Neueste vom Tage zu lesen.

Ein reicher Mann nahm sich zur Braut,
aus unserer Straß' die Edeltraud.

Ein Foto; im Hintergrund der Casinogarten,
ihre Kinder sich neben den Blumen scharten.

Stark retuschiert; im Porträt festgehalten,
Edeltraud in weiß –
im Frack daneben ihren „Neuen Alten".

Op jede Pott...

Ö pinke wenijer – ö pinke mii-er,
un do häs et äerme Dii-er.

Döks ös et maar en Kleenichheet,
di örejenswi doa tösche schteet.

Ävel dä Schtüük doa dröm öröm,
un dä Palaaver van däm un öm.

Vandaach schtongk en dat Tsaitungsbläätsche;
dat koop ech neävenaan em Läädsche.

Doa haad ne riike Moon jetraut,
hee uut os Schtroat – dat Edeltraud.

Ö Foto – d'r Casinojaart em Oitergrongk,
di Kenger van hör – neäve ne Bloomeschtruuk.

Schtäerk retuscheert; em Portät voasgehalde,
Edeltraud en witt – em Frak dä „Noie Alde".

Edeltraud – von Herzen zugetan,
die Figur quadratisch – drei Köpfe größer als ihr Mann.

Sie trägt sicher keinen Heiligenschein,
„Mariacron" - der darf es manchmal sein.

Auch ist sie nicht dumm – das kann man nicht sagen,
kennt die Namen all ihrer Blagen.

Nun fragt sich jeder wie das kann,
wie kommt die Frau an diesen Mann?

Hat der Kerl vielleicht einen „Sprung in der Schüssel",
traut eine „Jungfrau" mit acht Büttel?

Man muss das positiv sehen,
vielleicht kann man dann beide Seiten verstehen.

Es lohnt meist nicht sich aufzuregen,
das Leben geht oft auf seltsamen Wegen.

Edeltraud – van haarte joot,
de Fijuur kwadraatisch – dree Köpp te jruu-et.

Et dräech seeker jeene Hellijeschiin,
„Mariakruu-en" - dä döerv et waal sii-en.

Domm ös se net – dat kann man net saare,
kännt di Naam van all ör Blaare.

Nu vroach sech jeder wi dat kann,
wi kömp dat Vromisch aan dä Moon?

Hät dä Doll ne „Schprongk en de Schöötel",
en Joffer traue möt aach Büttel?

Man mod dat ooch ens positiiv bekiike,
un bets Sii-e möd öneen verjliike.

Et lount mee-is net sech optereäje,
et Leäve jeet döks sälde Weäje.

W a s   n u n ?

Jeden Tag geschehen verrückte Dinge,
notiert - damit ich sie später zu einer Geschichte bringe.

Nachher vergisst man was war – es tut dir dann leid.
Anfangs glaubst du das hat ja noch Zeit.

Vom Kopf bis zu den Zehen macht sich oft breit,
eine psychosomatisch-literarische Müdigkeit.

Ich brauche frische Luft und muss hinterfragen,
lässt es sich im liegen, stehen oder sitzen besser sagen?

Etwas zum knabbern wär nun nicht schlecht,
Nüsse, Trauben oder ne Möhre wäre mir recht.

Heute ist ein Mistwetter –
schreibt es sich besser bei Sonnenschein?
Oder nehm ich lieber ein Aspirin ein?

Anders betrachtet - morgens noch nicht ganz wach,
mittags wird gegessen – der Tag verläuft so danach.

W a t   n u ?

Jede Daach paseere jäke Denge,

objeschriive - loate di sech en Jeschichte wii-ervenge.

Laater verjeätse wat woar - do bös di Woert kwiit

äver do häs joa noch sue vüel Tiit,

Van d'r Kopp bös en de Tii-ene mäk sech breet,

en psychosomatisch-literarische Möidechheet.

Ech bruuk vresche Lof un mod överlääge,

lött et sech em legge, schtoan of sette beäter sääge?

Jät vör te müfele wüer nu net schlait,

aan Nööt, Druuve of en Möerke hab ech jedait.

Vandaach ös dris Weer –

of schriiv et sech beäter be Sonneschiin?

Flee-its neäm ech leever en Aspirin?

Angersch bekiike - ös man s'morjes noch verschloape,

medaachs wörd jejeäte – dat well ech waal hoape.

Nachmittags geht es unmöglich voran,
abends wird man müde - und nachts schläft man dann.

Jetzt aber los – ich denk ich beginn,
ich spitze alle Bleistifte und leg sie schon hin.
Die Geschichte muss kurzfristig fertig sein,
das Blatt Papier liegt vor mir - noch blank und rein.

Vorher ein Tässchen Kaffee mit Sahnecreme. Sollte ich
kalt duschen, oder warm Baden wäre auch genehm.
Da! eine Fliege an der Wand - männlich oder weiblich ich
weiß es nicht, womöglich ein Transvestit?

Der Hund möchte draußen „Gassi" gehen. Vielleicht muss
man die ganze Schreiberei besser in Ruhe besehen.

Da fällt mir ein - Topfpflanzen gießen, um in die Gänge zu
kommen – Bratwu st essen und ein Bier genießen.

Eine viertel Stunde nur noch – das wird arg knapp. Ein
Wunder, das Blatt ist beschrieben –
es hat ja doch noch geklappt!

Noamedaachs jeet et öersch jaarnet vöraan,

s'oaves bös'se te möich un naits schlöpp man.

Jäts jeet et äver los – en Idee kömp mech jraat,

schpets alle Bleeiveer un läech di paraat.

Dä Vertäll mod äver bönekört värdich sii-en,

dat blongke Blaat Papier lik noch steets vör mech hen.

Ö „Köpke Kaffee" wüer jäts net schlait. En kalde Dusch

of ö wärem Baad haad ech ooch överlait.

En Vleech aan de Wongk - Mänke of Wiifke un wi dat

Bies hit, flee-its ös et noch ne Transvestit?

Deä Hongk mod nüedich buute „Jassi" joan.

Man sal di jontse Schriiverai ooch mod Rau aanjoan.

Doa vällt mech en - de Topplonte noch jeete, un öm en de

„Jäng" te komme - ö Beer drengke un Brootwuersch eäte.

En veedel Schtond noch – dat wörd ärech knapp.

Ö Wonger, dat Blaat ös beschrii-eve –

et hät joa toch noch jeklapp!

Das Wetter

Über nichts wird mehr erzählt,
wie wird das Wetter – und ob es sich hält.

Es gibt welche die fänden es besser,
auf jeden Fall – ein anderes Wetter.

Dem Einen stört dies – dem Anderen das,
immer ist schlecht was gerade nicht passt.

Ein Bauer wartet tagelang und nimmt gern in kauf,
fällt auf dem Acker bald ein Tropfen darauf.

Und regnet es endlich – ohne das es stoppt,
ist es auch nicht recht – man wird noch bekloppt.

Kapriolen mit Hagel und Schnee weit und breit,
bläst der Wind zudem von der verkehrten Seit'.

Scheint die Sonne – dann ist ja bekannt,
man fährt an die See und legt sich an den Strand.

E t   W e e r

Üewer neks wörd mii-er vertällt,
wi wörd et Weer - un op et sech hält.

Et send'er di haie joa jeer,
op jede Vool – angersch Weer.

Däm Eene schtüert dit – däm Angere dat,
emer es schlait wat hä jraat had.

Ne Buur waard all daachlongk doa drop,
veel toch maar jau ne Räängerdroap.

Un siip et aan't Äng un hüert net mii-er op,
ös et ooch net rait – man wörd noch beklopp.

Kapriole jöev et möt Haarel un Schnii-e,
blös dä Wengk onjlöklich van de verkiirde Sii-e.

Schinnt de Sonn - do ös joa bekannt,
man väert an de See un lääg sech aan d'r Schtrand.

Ist das wieder heiß – man schwitzt derweil,
den ganzen Tag in der Sonne – mit seinem Hinterteil.

Von weitem sieht man dunkle Wolken kommen,
dann werden die Beine unter die Arme genommen.

So schnell wie es geht – mit Mann und Maus,
läuft jeder eilig dann nach Haus.

Sturm und Unwetter niemand gern haben kann,
doch wenn es so ist – da man macht nichts daran.

Viel sind wir gewöhnt und es hat uns bewegt,
wenn die Sonne scheint und es gleichzeitig regnet,

dann war früher den Älteren bekannt,
und wurde „der Teufel hat Kirmes" genannt.

Aber es ist noch nie gelungen,
hätte man <u>ein</u> Wetter für Alle gefunden.

Ös dat wär heet – man schweet sech kapott,
d'r jantse Daach en de Sonn möt de Vott.

Van wii-e süüste düüstere Woleke komme,
do weärde de Been onger de Äreme jenomme.

Holder di Bolder möt Moon un Muus,
löpp jeder sue jau häe kann iilich noa Huus.

Schtorem un Onweer wel ooch nii-emes han,
un wän et sue ös – doa mäkse neks d'raan.

Wörr send joa all aan vüel jewännt,
wän de Sonn schinnt on et te jliikertiit rännt,

saite vroijer di Äldersch jeer,
dä Düüvel hät Kermes – et ös öm sii-en Weer.

Ävel et ös noch nii-emes jelonge,
un hät <u>een</u> Weer vör alle Minsche jevonge.

Der Schnupfen

Mit „Hatschi" fängt der Schnupfen an,
Gesundheit hört sich anders an.

Das feuchte Wetter ist sicher schuld,
„Hatschi" - mir geht es gar nicht gut.

Wie auf den Leib geschmissen,
der Schnupfen Leute ist beschissen.

Taschentücher in rauen Mengen,
ich niese und niese ohne zu enden.

Da frag' ich mich wie kann das sein,
wie kommt der Schnupfen in mich rein?

Hab ich vielleicht im Durchzug gesessen,
irgend etwas verkehrtes gegessen?

Jetzt muss ich husten - der Hals ist trocken
ich fühl mich gar nicht auf dem Posten.

D'r Pips

Möt "Hatschi" vängk dä Pips mee-is aan,
Jesongkheet hüürt sech angersch aan.

Dat voite Weär ös seeker schoot,
„Hatschi" - mech jeet et jaarnet joot.

Wi op et Liiv jeschmii-ete,
dä Pips leäv be mech en Ongermiite.

Täschedööker schtaapelswiis
et hält sech draan ech niis un niis.

Due vroach ech mech wi kann dat sii-en,
wi kömp dä Pips blos en mech drin?

Hab ech en d'r T'soch jeseäte,
örejes jät verkii-ert jejeäte?

D'r Hols ös drüch un mod wär hoste,
ech vööl mech jaarnet op d'r Poste.

Todkrank leg ich mich schnell ins Bett,
schlucke Pillen die man gerade so hat.

Eine dicke Mütze noch auf den Kopf,
auf dem Bauch ne Wärmeflasche drauf.

Heiße Wickel um Bein um Zehen,
eine Mumie kann nicht schöner aussehen.

Der Schweiß rinnt in strömen unter der Decke,
es soll mich wieder zum Leben erwecken.

Aus dem Mund schaut das Fiebergläschen heraus,
bei 40 Grad raste ich bald aus.

Ade du schöne Welt - dann schlafe ich ein,
träume ich könnte im Himmel sein,

Nein – vom Acker hab ich mich nicht gemacht,
drei Tage später werd' ich wach.

Der Schnupfen – das wollte ich noch sagen,
„Hatschi" den Pips muss wohl jeder mal ertragen.

Duetkrongk lääg ech mech jau en et Bäät,

schluk Pille di man jraat sue hät.

En deke Möts noch üewer d'r Kopp,

op d'r Buuk ön Wäremefläisch drop.

Heete Wikel öm Been un Tii-en,

en Mumie kann net schuender sii-en.

Onger de Däk bön ech aan't Schweete,

mööt et leefs et Vinster opriite.

Uut d'r Mongk luurt dat Fiiberjläeske,

be 40 Jraat deet et sech jät rääste.

Ade du schuene Wält – do schloap ech en,

un dröem dat ech em Heemel bön.

Nee - ech maak mech net vom Acker,

dree Daach laater woard ech waker.

„Hatschi" – dat welen ech nät noch saare,

dä Pips dä mod waal jeder ens erdraare.

Die Kunst

Wahre Kunst die kommt von Können.
Kunst die erklärt werden muss -
die darf man sich gönnen.

Kunst muss man sehen, drehen, fühlen und streichen,
am besten mit irgend etwas anderem vergleichen.

Adam und Eva die ersten Skulpturen,
Beuys Butter liegt in Ecken und Fluren.

Picasso, van Gogh oder Raffael und Konsorten,
malen wird Kunst mit den richtigen Worten.

Einmal Goethe, Schiller oder Heine rezitieren,
oder einen Grand mit Vieren verlieren.

Wenn Pavarotti seine Arien schmettert,
und Niki Lauda scharf durch die Kurven brettert.

Ein Mime in verschiedene Rollen rutscht,
der Fisch elegant durch die Netze flutscht.

D e   K o n s

Woare Kons di kömp van Könne.

Kons di uutreen jelait wörd -

di dörv man sech jönne.

Kons mos'se sii-en, drii-ene, vööle un schtriike,

öt bäes möt örejes jät angersch verjliike.

Adam un Eva de öerschte Skulptuure,

Beuys Botter lik en Äke un Fluure.

Picasso, van Gogh of Raffael,

moale wörd Kons möt dä raite Vertäll.

Eenmol Goethe, Schiller of Heine vöerdraare,

of be ne Jrang möt vaier Jonges versaare.

Wän Pavarotti sii-en Arii-e schmättert,

un Niki Lauda schärep duur de Kurve brättert.

Ne Miime en verschaie Fijuere rötsch,

dä Voisch jekonnt duur di Nätse flötsch.

Ein Magier zaubert schnell und gut,
ein dutzend Kaninchen aus dem Hut.

Der Clown fällt hin - macht gekonnt eine Mimik da
heraus, erntet dafür tosendem Applaus.

Keinen Pfennig in der Tasche,
ein Lebenskünstler trinkt Flasche für Flasche.

Meisterschützen schießen um die Eck',
weg laufen hat wohl keinen Zweck.

Eine Koch-Kreation auf höchstem Niveau,
und jeden Gourmet erfreut dies dann so.

Gesund bleiben - zu einem langen Leben gelingen,
vielleicht liegt die Kunst auch in diesen Dingen.

Mit Staunen und Glauben haben wir nun gelernt,
Kunst zu können - ist sicher nicht verkehrt.

Ne Majier t'saubert kleen un jruu-et,

ö dutsend Kniin vlott uut d'r Hoot.

Dä Kloon vällt op sii-en Schnuut

un mäk jekonnt en Miimik doa druut.

Känne Päning en de Taisch, dä Leävenskönsler

süfelt äver Flaisch vör Flaisch.

Meesterschötse scheete öm de Äk,

loope joan hät jeene T'swäk.

En Koo-ek-Kreatsioen op et hüechste Niveau,

un jede Gourmee deä vroid sech doa ö-sue.

Jesongk un lang leäve könt sii-en,

flee-its lik doa ooch ö Schtök Kons dren.

Jaape un jlöeve dat hant wörr nu schtudeert,

Kons könne ös seeker net verkiiert.

Die Rintger Eck-Kneipe

Ach wie war das doch vordem, für jeden von uns so
bequem. Du hast gearbeitet an allen Tagen,
und abends war so trocken dein Kragen.

Der Durst war schlimm vielleicht kann es gelingen,
ein Pilschen könnte wahre Wunder vollbringen.

Fünf Mark noch in der Hosentasche,
die Kneipe lag beim Heimweg an der Straße.
Gott sei Dank – die Tür war offen,
mit letzter Kraft bin ich noch hinein gekrochen.

„Wirt – schnell ein Bier"; hab ich gefragt,
jung ! – da hatte ich was gesagt.
„Du kannst hier tuten, lechzen oder flöten,
das Pils – das dauert immer sieben Minuten"!

Ein Jahr später – plötzlich sagte der Wirt mit einmal,
„Ich bin es satt – ich schliess das Lokal".

Di Rintscher Äk-Kneipe

Ach wi woar dat toch vandaach, vör jedem van os sue
jemaak. Du haads jewörek d'r jantse Daach,
un s'oavends woar sue drüech deä Kraach.

Deä Duursch woar ärech wän ech draan dait,
ö Pilske küü-em mech net te rait.

Viif Marek noch en de Boksetaisch,
di Kneip di loach jüüs op d'r Weäch.
Jott sai Dangk – de Düer woar oape,
möt lätsde Oo-em örin jekroape.

„Wii-ert – vlott ö Beer; ech hab jeen Zeit",
jong ! – doa haad ech jät jesait.
„Du kanns hee tuute, lalle of flööte,
dat Pils – dat düert emer söeve Minüte".

Ö Joar laater – op ens sait deä Kluut
„Ech bön et satt – ech schluut di Buud.

Erst denkst du noch – das braucht seine Zeit,
doch jetzt – nun ist es schon so weit.

Viele Gäste sind rund um den Rintger Markt geboren,
aber heute geht uns allen etwas verloren.

Und wenn ich das mit Bedacht bedenk',
ja – man könnte sagen ein kleines Kulturgeschenk.

Hier konnte man erzählen – ein Schwätzchen halten,
mit jungen Leuten und auch mit den Alten.

Man traf dort den Peter, den Josef und den Franz,
es wurde geschunkelt, gesungen und getanzt.

Der Billardclub –
durfte sich nicht vom Spieltisch entfernen,
das musste so sein –
die wollten ja noch etwas lernen.

I-iersch dengkse noch – dat bruuk sii-en Tiit,

un nu – nu ös et all sue wiit.

Vüel Jääs send hee rongk öm d'r Maart jeboore,

äver hüet jeet os all jät verloore.

Un wän ech dat möt Bedaach beluur,

joa – man küü-es saare ö pinke Kultuur.

Hee kuu-et'se jät klängere – ö Kwätschke halde,

möt jonge Lüü un ooch möt Alde.

Hee troof'se dä Pitter, dä Jupp un dä Franz,

hee woard jeschungkelt, jesonge un jedants.

Deä Billardclub -

dä soat doa vüere;

dat moot sue sii-en – di welle noch jät liiere.

An Tisch 4 hörte man
den Freitagsclub um Worte ringen,
der Wirt musste öfter einen Bärwurz bringen.

Am Stammtisch wurde heiß diskutiert,
ob und wann etwas in Viersen passiert.

An der Theke stand ich sagt der Jeck,
zusammen mit den anderen „Palaversäck".

Und kam spät abends
noch eine Nachtschwärmertruppe,
so brauchten sie nur an das Fenster zu klopfen.

Es gibt sicher noch viel zu sagen,
wie es war an all diesen Tagen.

Unterdessen gehen die Lampen aus,
Zeit zu gehen – ich halt' mich jetzt raus.

Dä Vriidichsclub

dä soat doa henge,

dä Wii-ert moot dökster ne Bärwurz brenge.

Am Schtammdöisch woard heet diskuteert,

op un waneer jät en Viersche paseert.

Aan de Theek – schtongk ech sät d'r Jäk,

te saame möt di angere Palaaversäk.

Un koem laat s'oaves

noch en Naitschwäremertruppe,

bruuket di maar aan dat Vinster te kloppe.

Öt jöev seeker noch vüel te saare,

wi dat woar aan all di Daare.

Äver ongerhongk jont di Lämpkes uut,

Tiit te joan – ech halt de Schnuut.

S a n k t   M a r t i n

Wie war das früher am Ende der vierziger Jahre,
die ersten Gedanken an Sankt Martin waren:

ein guter Mann - soviel ich weiß und sehr gescheit,
es gab damals wenig zu essen in der schlechten Zeit.

Man lief die Straßen herunter und hinauf,
der „Zug" der stellt sich schon auf.

Die Feuerwehr machte die Lichter an,
dann kamen auch die Fackeln der Kinder dran.

Sankt Martin ritt auf einem kräftigem Pferd,
einen rotem Mantel hatte er an –
und an der Seite ein Schwert.

Knapp dahinter hörte man die Musik dröhnen,
es folgten die Kinder – sie sangen zu den Tönen.

Egal ob Regen, Schnee oder ob es frostig wird,
wir sangen wie man im Rintgen Sankt Martin „fiirt".

Tsint Meärtes

Wi woar dat vroijer; aan't Eng van de värtsijer Joare,

de ii-erschte Jedongke aan Tsint Meärtes woare:

ne joo-e Moan – suevüel ech wii-et,

et joev joa wänich te eäte en de schlaite Tiit.

Man leep di Schtroate öronger un örop,

d'r „Tsoch" dä schtälde sech all op.

De Vüerweer mäk di Löiter aan,

duu koeme di Fakele van de Kenger d'raan.

Tsint Meärtes riit op ö schtevich Peärd

möt ne ruede Mongtel aan -

un ob Sii-e ö Schwöert.

Kört doahenger joev sech de Musik aan't tuute,

doanoar leepe un songke all di Puute.

Ejaal of Reän, Schnii-e un Ijs jevriirt,

wör songe wi man em Rintsche Tsint Meärtes viirt.

Entlang der Straßen und auf den Balkonen,
Lichter leuchteten dort wo die Menschen wohnen.

Nicht weit weg vom häuslichen Gemäuer,
mitten auf dem Rintgermarkt – da brannte ein Feuer.

Halb nackt auf dem Boden – da saß der „Arme Mann",
ohne Kleider – er hatte Lumpen an.
Sankt Martin teilte seinen Mantel im nu,
der „Arme Mann" deckte sich damit zu.

Das Feuer erlosch – der „Zug" löste sich auf,
die Kinder liefen die Kirchstraße hinauf.
Im Josefsaal; ein Gedränge – du meine Güte,
für alle Kinder gab es eine „Martinstüte".

Äpfel, Nüsse und Süßigkeiten waren aufzuzählen,
selbst gebackene Plätzchen durften nicht fehlen.

Geben und nehmen – das haben wir verstanden,
darum wird „Sankt Martin" gefeiert
und immer noch als Kulturgut begangen.

Lans de Schtroate soach'se en Finster un op Balkuone,

Lämpkes löite - doa woa se woone.

Net wiit aaf – kört van os Huusdüer,

medde ob dä Rintscher-Maart bränet ö Füer.

Halev Näk ob d'r Boam soat dä „Äreme Moon",

haad Klaier net – hai Lompe aan.

Tsint Meärtes däält dä Mongtel nue,

dä „Äreme Moon" däk sech doamöt tuu.

Dat Füer jing uut – dä „Tsoch" löes sech op,

di Kenger leepe de Kerekschtroat örop.

Em Josefsaal woar d'r Düüvel loas,

vör all di Kenger joev et en Tsint-Meärtes-Bloas.

Äpel, Nüüet un sööt Jerai,

sälefs jeboke Plätskes woare doarbei.

Jeäve un Dääle – dat hant wör jelii-ert, dröm wörd Tsint

Meärtes als Kultuurjoot noch emer jefii-ert.

Nachwort

Ich bedanke mich bei all den Leuten oder Dingen,

die mitgeholfen haben die Erzählungen zu unterstützen.

Das Jahr Revue passieren lassen

wobei die Wahrheit oft nachgefragt wird,

wenn die Welt zu Gast im Rintgen

gemeinsam den Sonnenuntergang erlebt,

muss ja auch immer wieder gehandelt werden,

davon kann der Dienstmann erzählen,

das weiß man am Rintger Markt,

wo „Vierseneer Orginale" wohnen,

wird stets auf jeden Topf ein Deckel sein,

auch wenn manchmal die Worte fehlen.

Dabei spielt das Wetter natürlich eine Rolle,

obwohl man sich schnell erkälten kann,

und man zur Kunst keinen Zugang findet,

worüber in jeder Kneipe gesprochen wird,

wohl erst mit dem Martinsfeuer endet.

Bis bald !

Noarwoert

Ech bedangk mech be all di Lüü of Denge,

di mötjeholpe hant be di Vertällerai te hälepe.

Wän üewer dat Joar noch ens noarjedait wörd,

un de Woarheet döks noarjevroacht wörd,

woa et Buutelongk Joas em Rintsche ös

un mötöneen dä Sonnenongergongk erläev,

mod joa emer all jehudelt weärde,

doarvan ooch dä Denstmoon vertälle kann,

witt man dat aan d'r Rintscher Maart

woa „Vierscher Orijinaale woune,

wörd emer ob jede Pott ne Däckel passe,

ooch wän menich kii-er de Wörd väele,

doarbee schpölt dat Weer sälefsschpräekend en Roll,

ofwaal man sech jau verkaue kann,

un man de Kons net bejriip,

woa drüewer en jede Kneipe gekallt wörd,

un i-iersch möt däm Martinsfüür ö Eng vengk.

A l l a   d a n n !